अदृश्य मैं

Abhishek Chauhan

BookLeaf Publishing
India | USA | UK

Made with ❤ on the BookLeaf Publishing Platform
www.bookleafpub.in
www.bookleafpub.com

Dedication

To Maa & Papa

Preface

कवितायेँ, कहानियां, शेर और ग़ज़लें बचपन से ही जीवन का हिस्सा रही हैं. बचपन में बाल कहानियां और कवितायेँ पढ़ी लेकिन जैसे जैसे जिंदगी में आगे बढे ग़ज़ल और शेर सुनने को मिला तो पढ़ने की एक ललक पैदा हुई। ग़ज़लकारों और शायरों को पढ़ कर लगा की यार ये कितने बुद्धिजीवी कितने ओजश्वी लोग हैं जो इतना कुछ लिख देते हैं। मन के अंदर एक कौतुहल था की क्या मैं भी ऐसा लिख सकता हूँ? और इसी के साथ मैंने शब्दों के फूलों को तुकबंदी की माला में पिरोना शुरू किआ । शुरू के कुछ शेर अपने दोस्तों को सुनाया तो लिखने का एक प्रोत्साहन मिला और धीरे धीरे इस रास्ते पर आगे बढ़ने लगा। यह काव्य संग्रह केवल मेरी कल्पनाओं का परिणाम नहीं, बल्कि जीवन के अनुभवों, देखे-सुने प्रसंगों और अंतर्मन में उठे भावों का प्रतिबिंब है।

आशा करता हूँ कि यह संग्रह आपको विचारों में डुबोने, संवेदनाओं को झकझोरने और जीवन के प्रति एक नई दृष्टि प्रदान करने में सफल रहेगा।

सादर,

अभिषेक चौहान

Acknowledgements

इस काव्य संग्रह की यात्रा में कई लोगों का योगदान रहा है, और मैं हृदय से उन सभी के प्रति आभार व्यक्त करना चाहता हूँ। सबसे पहले, मैं अपने माता-पिता का धन्यवाद करता हूँ, जिनकी प्रेरणा और आशीर्वाद ने मुझे सृजन की इस राह पर चलने का साहस दिया। मेरे इस रोमांचित सफर में कुछ चुनिंदा लोगो की एक महत्वपूर्ण भूमिका रही और ये लोग हमेशा खड़े रहे मेरे जिंदगी के हर एक छोटे बड़े निर्णयों में । सुनील चौहान मेरे दोनों बड़े भैया , जिन्होंने प्रेरित किया जिंदगी में आगे की तरफ देखने में और आनंद चौहान बड़े भैया जो रंगमच में कार्यरत एक मंझे हुए अभिनेता हैं, मेरा परिचय कराया ग़ज़ल, कविता और नाटकों से, दोनों महानुभाओं का दिल से प्रणाम और आभार। प्रशांत पांडे और अवनीश गौतम मेरे लिए एक दोस्त से बढ़कर मार्गदर्शक हैं जिन्होंने मेरी लिखावट को अलग नजरिया दिया और मेरी लिखावट में सुधार का बड़ा हिस्सा रहे , आप दोनों को दिल से धन्यवाद।अपने मित्रों और शुभचिंतकों का भी आभार व्यक्त करता हूँ, जिन्होंने मेरी कविताओं को पढ़ा, सराहा, और मूल्यवान सुझाव दिए, जिससे यह संग्रह और बेहतर बन सका। इस सफर में हर शब्द, हर कविता, मेरे मन और आत्मा का एक हिस्सा है, जिसे आपके साथ साझा कर रहा हूँ।

आशा करता हूँ कि मेरे शब्द आपके मन को छू सकें और आपकी भावनाओं से जुड़ सकें।

स्नेह और सम्मान सहित,

अभिषेक चौहान

1. क्या लिख दूँ ?

लिखने को तो मैं ब्रह्माण्ड लिख दूं,
ज़मीं और आसमां लिख दूं।
उलझी हुई दुनिया किनारे छोड़कर,
चारों तरफ कब्र और श्मशान लिख दूं।

खाली नहीं बहुत भरा हुआ है मन,
जब भी मन में आये कुछ ज्ञान लिख दूं।
अकेला नहीं हूँ,साथ किताबें हूं रखता,
अपने आप को ही अपना ग़ुलाम लिख दूं।

इतनी गर्मजोशी अच्छी नहीं है मेरे दोस्त,
कहो तो तुम्हारी हैसियत सरेआम लिख दूं।
लगाने को तो मैं भी लगा दूं आग नफ़रत की ज़माने में,
लेकिन मेरा मन कहता है मोहब्बत का पैग़ाम लिख दूं।

2. सितमगर था वो।

मेरे अंदर ही अंदर मर गया सितमगर था वो।
जो भी था मेरे एहसास ए कमतरी से कमतर था वो।
पन्ने लिख कर अपने शब्दों से लाल कर देता था
मेरे चेहरे के पीछे छुपा हुआ बवंडर था वो।

तवज्जो के लिए भागा नहीं कायनात के पीछे
खुद में खुद को ढूंढता वो एक कलंदर था वो।
दुनिया में किसी को अच्छे से अपना न सका
और उसको भ्रम था कि समन्दर था वो।

जीतने की सनक में सबकुछ हार गया था
बस वो नए ज़माने का एक सिकंदर था वो।
ज़िद थी उसको दुनिया बदल देने की अपनी कलम से ही,
भूल गया था कि मेरे जेहन का वो बस कलमगर था वो।
मेरे अंदर ही अंदर मर गया सितमगर था वो।

3. चलते चलते

जीने का एहसास बनो तुम चलते चलते।
रात अंधेरी है प्रकाश बनो तुम चलते चलते।

उसके संघर्षों का हिस्सा बनो और संभालो उसे
शायद ठोकर उसे लगी है चलते चलते।
शराब को वो हाथ नहीं लगता, आंखों से पिलाई है किसी ने,
लड़खड़ा रहें हैं उसके पांव अब चलते चलते।

पंखे से लटक जाए न वो जमाने से लड़ते-लड़ते,
थक कर चूर हो गया है अब वो चलते चलते।
मासूमियत उसके चेहरे से गायब हो गई है,
बहुत दूर आ गया है अब वो चलते चलते।

4. ऐसा कुछ

लिखता हूं तेरे बारे में अब ऐसा कुछ।
सुन कर भी न कह पाएगा तू ऐसा कुछ।
संभालता हूँ रोज खुद को, रोज गिर भी जाता हूँ ,
होता है रोज कमाल ऐसा कुछ।।
सुनाई बहुत कम देता है इन कानों से मुझे,
करीब आकर भी वो कहता है ऐसा कुछ।
काटों में गुलाब जैसे कीचड़ में कमल,
निखारना खुद को हमेशा पड़ता है ऐसा कुछ।
शाम, सुबह, दोपहर वो खुराक है दवा की,
मरीज ए इश्क हो गया हूं अब ऐसा कुछ।
लहरती लहरें अब मुझे कहीं ले भी नही जाती,
हवा खेलती है शाखों के साथ ऐसा कुछ।
खुद में खुद को जलाती है खुद से,
आग जिस्म में लगाती है ऐसा कुछ।
तेरे कह देने भर से मेरे सारे काम हो जाएं,
बना ले मुस्तकबिल-ए-शक्सियत ऐसा कुछ।
तेरे आने या जाने से फर्क अब नहीं पड़ता "अभिषेक",
हुआ हूँ खुद से बेखबर अब ऐसा कुछ ।

5. बड़े दिनों बाद

इल्जाम उसने लगाए बड़े दिनों बाद।
हम फिर से चोट खाए बड़े दिनों बाद।

उनकी आंखो ने कैदी बनाया है फिर से,
हम रिहा हो गए थे बड़े दिनों बाद।
सवालों का अब तो असर हो रहा था,
थे वो लड़खड़ाए बड़े दिनों बाद।

खयालों में कब के दफन हो गए थे,
रूबरू हो रहे थे फिर बड़े दिनों बाद।
आंखों में जिनके एक बूंद न होती थी,
सैलाब उमड़ आया था बड़े दिनों बाद।

चंद लफ़्ज़ों में जैरो रादियां लिपट गईं हों,
जिक्र ए यार हो रहा था बड़े दिनों बाद।
सब अपनी मुहब्बत के क़िस्से सुना रहे थे,
हंसी आ रही थी मुहब्बत पर मगर बड़े दिनों बाद।

6. व्यवस्था करो....

व्यवस्था करो कि हम अमर रहें,
लोगो के दिल-ओ-दिमाग में,
घरों में और समाज में।
चलती रहें धड़कने हमारी,
किताबों के पन्नो में,
नदी, पहाड़ और दूर कहीं झरनों में।

सवाल जिंदा हो लोगो के विचारों में,
पुस्तक, पत्रिका और अखबारों में।
मानवता के शब्दों में, बची रहे मानवता,
बच्चों की मुस्कान, बुजुर्गों की कहानियों में,
स्त्री के कौमार्य और पुरुष की जवानियों में।

व्यस्था करो की अभिषेक हो,
एक नए युग का युवाओं में,
गंगा की धार से, शिव की जटाओं में।
व्यवस्था करो....

7. हम बात करेंगे

आ जाओ फिर से हम बात करेंगे
पुराने लहज़े में, लेकिन इस बार गलतियां नहीं दोहराएंगे
तुम कहोगे तो बोलेंगे तुम कहो तो चुप हो जाएंगे
फिर तुम कहोगे तुम्हे पपेट या रोबोट नहीं चाहिए
और हम फिर कुछ नई और प्यारी गलतियां लेकर आएंगे
जो तुम्हे अच्छा लगे कुछ ऐसा गुनगुनाएंगे
एक बार फिर से नाचेंगे और एक दूसरे में हम खो जाएंगे
तुम हाथ पकड़ कर चलना भरे बाजार
और हम तुम्हे पूरी दुनिया से अकेले बचाएंगे
पता है मोहल्ले में नई लाइब्रेरी खुली है
तुम बस अपने खुले विचार लेकर आना
हम कागज, कलम और चंद फुरसत के लम्हात लेकर आएंगे
बैठेंगे दिनों कोने वाली सीट पर
दुनिया की सारी कुरीतियों के ऊपर
टिपण्णी लिखते लिखते घंटों बिताएंगे
हम बाते करेंगे Elon से Trump तक,
भारतेंदु से पंत तक, LBW से स्टंप तक
दिवाली के दिए से होली के रंग तक,
धर्मवीर भारती के सुधा - चंदर से ,
Bram Stoker के Dracula Count तक

साथ साथ कुछ बातें होंगी संविधान में स्त्री के सम्मान की,
पुरुष के स्वाभिमान की
इससे समय बचाकर तुम्हे, चाय के साथ पकौड़े खिलाएंगे
सच कहते हैं, बस तुम्हारे साथ जाएंगे तुम्हारे लिए मरेंगे
आ जाओ फिर से हम बात करेंगे

8. डर लगता है

इंसान हूं इंसानों से डर लगता है।
सच को सच कहता हूं बहाने से डर लगता है।
मरना है एक दिन यही सच है सब का,
फिर भी खुलकर जीने से डर लगता है।

खूबसूरत है कितना फूलों के साथ सोना,
लेकिन इस खूबसूरत करीने से डर लगता है।
डूबना और उबारना उसकी रहमत है सब,
बस जिंदगी के सफ़िने से डर लगता है।

मैं अपनी ख़ालिश का सबब आखिर बताऊं किसे,
यहां सब अपने हैं और अपनों से डर लगता है।
टूटना- बिखरना सब तक़दीर का खेल है,
फिर भी मुझे सपनो से डर लगता है।

9. ना कहो

ये पत्ते बस पत्ते हैं इन्हें फूल ना कहो।
इनकी अपनी अहमियत है इन्हें फिजूल ना कहो।

करना है तो कुछ बात करो मेरे बारे में अभिषेक,
मेरे हिज़्र ए मोहब्बत को उल जुलूल ना कहो।

दिल के ज़ख्म का सबब शायद मालूम नहीं तुम्हे,
उनकी आंखों ने भेदा है इन्हें तुम शूल ना कहो।

मेरी मोहब्बत शायद झूठी थी हमेशा से ही,
तुम्हे तब ना क़बूल थी, अब क़बूल ना कहो।

लज़्जत-ए-जिंदगी मुझसे सीख कर,
खुद को तुम मोहब्बत-ए-रसूल ना कहो

10. तन्हाई मेरी....

रात आकर बैठी रही मेरे साथ तन्हाई मेरी,
मेरे जज़्बात से फिर लड़ती रही तन्हाई मेरी
बात उठी जब उनके गालों के भंवर की,
मै मुस्कुराया साथ में मुस्कुराई तन्हाई मेरी।

मेरे हाथ में उनका हाथ हो ये दिली तमन्ना है मेरी
हंसी आई इस ख़्याल पर, हसने लगी तन्हाई मेरी।
फिसलते पांव को उनके फिर से संभाल लेंगे हम,
जिक्र ए यार हो गया, रूठ गई तनहाई मेरी।

मेरे पास मेरी तनहाई के सिवा कोई भी नहीं ,
इस एहसाह भर से लौट आई तन्हाई मेरी।
महबूब के भ्रम में रोता रहा रात भर तकिए के साथ,
साथ में रोती रही तन्हाई मेरी।

गहरे साए में यादों के घड़ी चलती रही,
हर लम्हा यूं ही दुहराती रही तन्हाई मेरी।
मैं लिपटता चला गया हिज़्र के लिहाफ में,
उंगलियों से मेरी लिपटी रही तन्हाई मेरी।

11. बुझा हुआ चिराग।

सवाल यह है कि चिराग बुझा है,
तो इसे जलाए कौन?
जब तक हो आप इस मकान में,
दूसरा किराएदार बुलाए कौन ?
मेरा दिल तो, दिल है पत्थर नहीं,
तोड़ना भी अगर चाहे तो तोड़ पाए कौन ?
बड़े ही शिद्दत से दुखाया है दिल आपने मेरा ,
अब तो रोना मुश्किल है, मुस्कुराए कौन ?
चौबारा जो बस आपके होने से चमकता था
सजाना भी हो अगर, तो सजाए कौन ?
बात होती नहीं दिल खामोश रहता है,
तो आखिर गाए कौन और गुनगुनाए कौन?
अगर जमीं पर गिरते तो शायद उठा लेते हम,
खुद की नजर में गिर गए हो, तुम्हे उठाए कौन?
सवाल अब भी यही है कि चिराग बुझा है,
तो इसे जलाए कौन?

12. तुम्हारे बाद ....

तेरे जाने के बाद मुझे नहीं पढ़ना किसी और की आंखें ।
मुझे नहीं झांकना किसी और के सपनों में ।
ना ही संभालने का मन है किसी और के फिसलते हुए पांव को ।

मेरी सारी तमन्ना तुमसे है।
मेरी सारी ख़ामोशियां तुमसे है।
तुम समझते हो मेरी ख़ामोशियां भी,
तमन्नाओं का तो पूछो ही मत,
मेरे लिए तमन्नाओं का मतलब ही तुम हो।

तुम मेरे बाद दुनिया को भले अपना लो,
लेकिन मैं किसे अपनाऊंगा?
मेरे लिए तो दुनिया बस तुम ही हो।

जब-तब तुम्हारा हाथ अपने हथेलियों में देख कर ऐसा लगा,
जैसे मेरी हथेलियों को लकीरों की जरूरत ही नहीं ।

सुकून किसे कहते हैं तुम्हारे एक आलिंगन ने बता दिया था ।
मुझे बोलने की कुछ भी जरूरत ना थी आंखों ने सबकुछ समझा दिया
था।

तुम्हारे होठों के स्पर्श से जिंदगी में पहली दफा कोमलता का अहसास हुआ था।
मेरे होठों को नहीं, तुमने मेरे अंदर सोए हुए जज्बात को छुआ था।

अब जो भी मेरे अंदर है तुम्हारा है,
और हमारे प्यार पर थोड़ा तो अधिकार हमारा है।
गुजारिश है इतनी कि हमे छोड़ कर न जाना।
मेरे बाद भी बस तुम मुझे ही सताना ।
मेरे बाद भी बस तुम मुझे ही सताना.....

13. नादान मैं और यादें

नादान था ,नादान हूं, नादान फिर से मैं होने लगा हूं।
दुनिया की भीड़ से बचकर कहीं अकेले में अब मैं रोने लगा हूं।
खयालों से भरा रहता है जेहन मेरा।
रात भर नींद होती नहीं आंखों में ,

और ना ही मैं देख पाता हूं सवेरा।
जहां बैठकर खुद में पाता था खुद को,
उस गली का रास्ता अब मैं खोने लगा हूं।
नादान ही था नादान ही हूं नादान ही फिर से होने लगा हूं।

सवाल बस इतना कि जानवर ये मेरे मन का मारता क्यों नहीं?
मां को देख निखरता है चेहरा ये मेरा, दिल तुझे देख कर मेरा भरता क्यों नहीं?
सवालों गें डूबा, सवालों से बचता,
सवालों को अब खाने पीने लगा हूं।
नादान ही था नादान ही हूं नादान ही फिर से होने लगा हूं।

याद है वो बसंत में पेड़ पर नए पत्तों का आना,
पुराने पत्तों में आग वो लगाना,
सरसों की महक जब आती थी खेतों से,

हवाओं से मिलना, कोयल का गुनगुनाना।
यादें ये बरसों से आज़ाद थीं,
इन यादों को अब मैं पिरोने लगा हूं।
नादान ही था नादान ही हूं नादान ही फिर से होने लगा हूं।

14. ये दरार थोड़ी है

दिल तो टूट चुका है पूरा, ये दरार थोड़ी है,
तमीज से पेश आइए, हम आपके यार थोड़ी हैं।
हमें लड़खड़ाता देख आपने ने हमें शराबी समझ लिया,
नशा है ये आपकी चाहत का, शराब थोड़ी है।
कतरा कतरे से मिलकर समंदर बन बैठा है,
गुरूर में बूंद को कहता है ये नायाब थोड़ी है।
रगों में दौड़ता हुआ लहू अब थमने लगा है,
सीने से जो उठ रही है वो आग थोड़ी है।
जो भी कहना है तुम्हे, खुलकर क्यों नहीं कहते 'अभिषेक ',
मसला अंजाम के करीब है, आगाज़ थोड़ी है।
तुम्हें क़ातिल कहूं या ख़ूबसूरत बला फर्क क्या है,
अब हमारे तुम्हारे बीच में समाज थोड़ी है।

15. भंवर जाल

इस भंवर जाल से मैं निकलता क्यों नहीं?
दिल बदल जाए पर मन बदलता क्यों नहीं?

घूम फिर कर पहुंच जाता हूं इस दलदल में।
भागता रहता हूं इससे मुसलसल मैं।
ठोकर लगी है कई बार पर मैं संभलता क्यों नहीं?
इस भंवर जाल से मैं निकलता क्यों नहीं?

ये ज़िल्लत की आदत जाने कब से लगा,
जिंदगी ना कहो बस ये है गंदगी।
खून नसों में मेरे अब उबलता क्यों नहीं?
इस भंवर जाल से मैं निकलता क्यों नहीं?

रोज सुधरता हूं मैं ,रोज बिगड़ जाता हूं,।
जाना किधर होता है, चला किधर जाता हूं।
दुनियादारी से मेरा मन बहलता क्यों नहीं?
इस भंवर जाल से मैं निकलता क्यों नहीं?

पता सबको है एक दिन इंसाफ होना है।
तुम्हे भी ख़ाक होना है, हमें भी ख़ाक होना है।

आदमी-आदमी के साथ चलता क्यों नहीं?
इस भंवर जाल से मैं निकलता क्यों नहीं?

मेरे लिख भर देने से कोई आज़ाद न होगा,
कतरा कतरा ही रहेगा सैलाब न होगा
दरिंदगी दुनिया की देख कर दिल अब दहलता क्यों नहीं?
इस भंवर जाल से मैं निकलता क्यों नहीं?

16. अदृश्य मैं

मै जो हूं, अदृश्य हूं।
हमेशा की तरह अपने आप में
सिमट हुआ लेकिन टुकड़ों में।
बिखरा हुआ तेरे हाथ में।
ठहरा हुआ इस भीड़ में।
कभी मन में कभी शरीर में।

मै जो हूं , दरिया हूं।
फैला हुआ हर जेहन में।
गुम हूं किसी शहर में।
बहता हुआ मै नहर में
गिरता हुआ मै नजर में।

मै जो हूं, सवाल हूं।
उठता हुआ शायर में।
दबा हुआ कायर में।
भागता हुआ सच्चाई से।
लड़ता हुआ बुराई से।

मै जो हूं , ईमान हूं
नेताओं से बचते हुए,
युवाओं को सींचते हुए,
दिखता हूं गरीबों में,
गायब हूं रकीबों में।

मैं जो हूं, सम्मान हूं
भावनाओं के बीच एक भावना मैं
हर एक दिल की कामना मैं
मिलता हूं बड़ी मेहनत से
मिट रहा हूं नफरत से

मैं जो हूं, सौहार्द हूं
बच्चों से अभी परिचय नहीं
युवाओं में संचय नहीं
बलि चढ़ रहा गणतंत्र में,
कहते हैं सब स्वतंत्र मैं।

मै जो हूं, शून्य हूं।
सुकून का एहसास हूं
सृजन की शुरुवात हूं
मेरे स्वयं का अस्तित्व क्या,
किसी के साथ गैं सदृश्य हूं
मै जो हूं, अदृश हूं।

17. किसकी राह देखते हो?

किसकी राह देखते हो?
कहीं उसका तो नही?
हां वही!
जिससे तुम डरते रहे बताने में।
घबराते रहे इजहार-ए-दिल सुनने में।
अरे हां! बाते तो बहुत हुई लेकिन तुम्हे मज़ा आता था उसे सताने में।
मौका उसने हमेशा दिया जब तक रहे सामने तुम ।
और तुमने वो पल गुजारे उसे आजमाने में।
कसूर तुम्हारा भी नही तुम्हे दोस्ती भी तो बचानी थी।
कर दिया होता इज़हार तो अब दिन ना गुजरते पछताने में।
शायद तुम्हे पता है के अब वो ना आए इस गली ।
लेकिन रोज घंटो लगाते हो चौबारा सजाने में।

18. ख्याल तेरी बातों का

ख़्याल आता है तेरी बातों का।
कुछ काली अंधेरी रातों का।
दौलत -ए-हुस्न का नहीं मेरे यार,
सवाल रहा कुछ मुख्तसर मुलाकातों का।

अब ये महफ़िलें वीरान लगने लगीं है मुझे,
जिक्र चलने लगा है जब से जज़्बातों का।
सबब चीखता रहा सीने में दर्द का मेरे,
सिलसिला चलता रहा बस सवालातों का।

मेरे जनाजे का जिक्र हुआ ही नहीं,
सबको सह मिल गई उनकी बरातों का।
बदन स्याह हो गया, ज़बान लड़खड़ाती रही।
जहर घुल गया था अब उनके हाथों का।

19. तुम्हारी बातें

तुम नहीं तुम्हारी बातें अच्छी लगती हैं।
जो साथ तेरे गुजारी वो रातें अच्छी लगती हैं।

खामखां चूमते रहते हो मेरी उंगलियों को,
मुझे तो तेरे बालों की सलाखें अच्छी लगती हैं।

आते ही शुरू कर देते हो बात जाने की,
तुम्हे पता है मुझे लंबी मुलाकातें अच्छी लगती हैं।

आंख भर सी जाती हैं बस जिक्र-ए-जुदाई से,
और कहते हो तुम्हे जिंदगी की बिसातें अच्छी लगती हैं।

20. मेरे बादल

मैं अपने बादल खुद बनाता हूं।
फिर उसके परे देखना भूल जाता हूं।

एक चेहरे के पीछे कई चेहरे हैं मेरे,
चमकती दुनिया के बीच ये अंधेरे हैं मेरे।
इन्हीं अंधेरों में कहीं अब मै सुकून पाता हूं।
मैं अपने बादल खुद बनाता हूं।

बारिश के बाद बादल छट ही जातें हैं।
दिन कितने भी बुरे हों कट ही जातें हैं।
बुरे दिनों से ही अच्छे सबक सिख पाता हूं।
मैं अपने बादल खुद बनाता हूं।

तिनका नही पूरी नाव चाहिए अब।
राह में केवल छाव चाहिए अब।
कोई हो अगर साथ तो दुख भूल जाता हूं।
मैं अपने बादल खुद बनाता हूं।

बादल जो बने हैं तो अब बारिश होनी चाहिए।
काम में भी कला की गुंजाइश होनी चाहिए।
नफरत भरी दुनिया में प्रेम के गीत गाता हूं।
मैं अपने बादल खुद बनाता हूं।

21. स्तब्ध मैं

कल से एक शख्स ने स्तब्ध कर दिया है।
बड़े दिनों बाद उसने कुछ कहा है।
आवाज में उसकी हलचल, ठहराव और गुदगुदी का अहसास है।
धुंधली तस्वीर एक बनी है जेहन में, जो मेरे ही पास है।
कभी खिलखिलाना कभी शख्त हो जाना।
उसको आता है बातें भी बनाना।
जलेबी सी बातों में उलझाती है वो।
जिंदगी के गुर भी सिखाती है वो।
नारी का सच्चा स्वरूप दिखता है उसमे,
उलझे हुए परिचय में सरल हो जाती है वो।
एक कलकल मुस्कान में जैसी खुशी हो सारे जहान की।
विह्वल्लता है उसकी बातों में एक दूसरे के सम्मान की।
बस एक आवाज ने मुझे समृद्ध कर दिया है।
कल से एक शक्स ने स्तब्ध कर दिया है।